AF591601

1. Aoust 1779.

INSTRUCTION

Que LE *Roi a fait expédier aux Officiers généraux chargés de l'inspection de son Infanterie.*

Du 1.er Août 1779.

DE PAR LE ROI.

A MAJESTÉ voulant qu'il soit procédé à la revue de ses Troupes, son intention est que les Officiers généraux qui en seront chargés cette année, se conforment avec exactitude à l'Instruction qu'Elle a fait expédier à cet effet.

ARTICLE PREMIER.

LES Officiers généraux seront employés pendant les mois d'Août & Septembre, & résideront pendant tout ce temps dans l'une ou l'autre des villes ou quartiers où se trouveront les régimens de leur inspection.

2.

LES Officiers généraux feront deux revues.

À la première, ils vérifieront si les réparations de l'hiver ont été bien faites & uniformément, l'état des recrues, &

les détails des manœuvres par compagnie, pour s'assurer que l'Ordonnance est suivie ponctuellement.

À la seconde, ils examineront si les ordres qu'ils ont donnés à la première ont été bien exécutés, règleront avec le Conseil d'administration, les réparations à faire en tout genre; verront manœuvrer les Troupes par régiment, ils en rassembleront même plusieurs, autant que les circonstances le permettront, & les commanderont eux-mêmes; ils arrêteront leurs revues à cette dernière époque, & en rendront compte, ainsi qu'il est expliqué ci-après, au Secrétaire d'État de la guerre.

3.

L'INTENTION de Sa Majesté est que les Officiers généraux procèdent à l'opération de leurs revues, d'une manière uniforme: leur attention doit porter sur quatre objets principaux:

1.° Sur l'examen particulier de chaque compagnie, sa composition, sa tenue, & l'instruction des Officiers qui la commandent:

2.° Sur l'École d'instruction & les Manœuvres:

3.° Sur la Discipline & la Subordination:

4.° Sur l'Administration des finances.

4.

ILS commenceront par séparer & examiner les hommes de recrues qui auront été faits depuis la dernière revue, soit par les Officiers-recruteurs, soit par les Officiers de semestre; ces hommes seront rangés dans l'ordre du travail de chacun des Recruteurs, ils réformeront ceux qui ne seront pas propres au service, & ils les feront congédier sur le champ: Ceux qui auront été faits par les Officiers-recruteurs, & qui seront réformés, ne seront pas remboursés; quant à ceux qui auront été amenés au Corps par les Officiers de semestre, il sera ordonné une retenue de cent livres par homme, sur les appointemens des Officiers qui les auront faits, & ils ne recevront aucun remboursement pour la dépense

1. Avril 1779.

qu'ils auront faite relativement à l'homme congédié; il leur ſera également retenu cent livres, au profit de la Maſſe générale, pour chacun des hommes qu'ils n'auront pas faits, & qu'ils auroient dû faire.

Ils feront prêter ſerment aux hommes de recrues, dans la forme preſcrite : Sa Majeſté renouvelle la défenſe d'admettre à la paye, des enfans de Soldats, avant qu'ils ſoient parvenus à l'âge de dix ans; & le nombre ne pourra excéder celui de deux par compagnie, ſous quelque prétexte que ce ſoit.

5.

ILS ſe feront enſuite préſenter les anciens Soldats, que leurs infirmités mettront hors d'état de continuer leurs ſervices; ils feront délivrer des congés de réforme à ceux qu'ils en croiront ſuſceptibles, & le renvoi de ces hommes aura lieu le jour même de l'opération de la revue.

6.

DIFFÉRENTES cauſes donnent lieu à l'expédition des congés abſolus pour les bas Officiers & Soldats :

1.° Lorſqu'ils ont fini le terme de leur engagement, ou qu'étant néceſſaires à leur famille, on leur permet de remettre une ſomme à la Maſſe générale pour ſe remplacer:

2.° Lorſque par des infirmités ou défaut de conformation, ils ne ſont pas propres au ſervice:

3.° Enfin pour renvoyer ceux qui ſont indignes de porter les armes.

Les Officiers généraux auront attention qu'on leur expédie des cartouches blanches, vertes ou jaunes, comme il a été réglé pour les différentes circonſtances où ils ſe trouveront.

7.

ILS examineront enſuite les bas Officiers & Soldats qui ſe trouveront dans le cas d'être propoſés pour la récompenſe militaire ou l'Hôtel royal des Invalides : Quoique

Sa Majeſté fixe le nombre de ceux qui pourront être admi cette année à l'une ou l'autre de ces grâces, à deux pa régiment d'Infanterie, Elle permet néanmoins aux Officier généraux d'en admettre le double de ce nombre, s'il s'e trouve qui ſoient abſolument hors d'état de ſervir & d ſuivre le régiment encore pendant une année.

8.

VEUT Sa Majeſté que l'examen des infirmités ou de bleſſures de ceux qui ſeront dans le cas de réclamer ce grâces, ſoit ſévèrement conſtaté en préſence des Officier généraux chargés des inſpections, & que l'ancienneté n ſoit un titre pour la préférence, qu'à égalité de néceſſité Les Officiers généraux avertiront ceux qui ſeront admis à l'une ou l'autre de ces grâces, que ceux qui préfèreron l'Hôtel royal des Invalides, ne pourront plus le quitter & demander la penſion; mais que les penſionnaires qui ſe trouveront dans l'impoſſibilité de vivre chez eux, pourront en remettant leur penſion, demander à entrer à l'Hôtel où ils ſeront reçus lorſqu'il y aura des places vacantes.

9.

LA penſion militaire reſte fixée, comme il eſt expliqué à l'*article 10 du Titre VIII de l'Ordonnance d'Adminiſtration du 25 mars 1776.*

Les bas Officiers n'obtiendront la penſion de récompenſe militaire attribuée à leur grade, qu'autant qu'ils auront ſervi huit ans dans ledit grade; bien entendu que les Sergens-majors, compteront les années de Fourrier de l'ancienne compoſition.

10.

LES propoſitions des Officiers généraux chargés des inſpections, ſeront faites lors de leur travail avec le Secrétaire d'État de la guerre, & conformément au modèle de l'état annexé à la préſente Inſtruction; il ſera joint aux états

1. Avril 1779.

de propositions, deux certificats, l'un signé par les Officiers supérieurs du Corps, contenant les services des proposés, & l'autre par le Chirurgien-major; ces deux certificats seront aussi accompagnés du congé absolu de l'homme proposé: l'on prévient les Officiers généraux, que ces trois pièces sont absolument nécessaires, & doivent être adressées, avec les autres états de la revue, au Secrétaire d'État de la guerre, pour éviter toutes réclamations de la part de ces hommes: il sera fait mention au dos de leurs cartouches, des décomptes qui leur auront été faits, & du supplément de Trois sous par lieue que Sa Majesté veut bien leur accorder pour se rendre chez eux, dans le cas d'insuffisance desdits décomptes: il sera également fait mention sur les cartouches, des hommes qui obtiendront la récompense militaire, & de l'habillement neuf qui leur sera délivré, & de la date de la délivrance, lequel devra consister en un habit, veste, culotte & chapeau, le tout dans l'uniforme particulier qui leur a été précédemment réglé, afin de pouvoir fixer l'époque de leurs remplacemens.

11.

CEUX qui seront admis à l'une ou l'autre de ces grâces, seront compris dans la revue. Ils suivront le corps dans le cas de mouvement, & n'en partiront; savoir, ceux désignés pour entrer à l'Hôtel à demeure, que sur des routes de la Cour, & ceux désignés pour la récompense militaire, qu'après la réception des brevets, qui seront expédiés & adressés au corps par le Secrétaire d'État de la guerre; les Officiers généraux préviendront ces hommes, qu'ils ne commenceront à jouir de leur pension, que du jour de leur présentation au Commissaire des guerres, dans le département duquel ils fixeront leur domicile; & à son défaut, ils s'adresseront au Subdélégué.

12.

LES Officiers généraux se feront présenter les hommes existans au corps, qui ont obtenu la marque distinctive de la vétérance. L'intention de Sa Majesté est qu'il ne soit admis à cette marque diſtinctive, accordée par ſon Ordonnance du 16 avril 1771, que les bas Officiers & Soldats qui en ſeront jugés dignes par une conduite irréprochable: Entend Sa Majeſté que ces hommes ne ſoient propoſés pour cette grâce, que lors des revues d'inſpection, ſur les états qui devront être approuvés par les Officiers généraux.

13.

VEUT Sa Majeſté que la diſtribution des Trois ſous par lieue, qui doivent être payés aux hommes qui ſeront congédiés, ſoit par réforme, ſoit par ancienneté de ſervice, ſoit faite à l'ordinaire; ce qui cependant n'aura lieu que dans le cas où le décompte du linge & chauſſure, & de quinze livres que chaque homme doit avoir en maſſe, ne ſuffiroit pas pour le conduire à ſa deſtination.

14.

IL ne ſera accordé aucun ſupplément à ceux qui, étant néceſſaires à leur famille, obtiendront leur congé abſolu; le nombre de ces congés ayant été fixé à ſix hommes par compagnie, dans la ſuppoſition que chaque compagnie ſeroit portée au complet de l'Ordonnance; mais ſur le pied du complet actuel, le nombre de ces congés ne pourra pas excéder celui de trois par compagnie, pourvu toutefois que ces hommes ſoient préſens au corps. Sa Majeſté veut que l'on ne s'écarte de cette règle, que pour des cas particuliers, qui devront être jugés & autoriſés par les Officiers généraux; ils jugeront également des raiſons de ceux qui devront obtenir cette grâce en payant le prix réglé, & en arrêteront l'état. Il ſera fait mention, tant ſur ledit état, que ſur la cartouche de l'homme qui obtiendra un de ces congés, de la ſomme qu'il aura remiſe à la maſſe générale.

L'intention de Sa Majeſté eſt qu'il ne ſoit congédié aucun bas Officier, dans l'intervalle d'une revue à l'autre, ſans y être autoriſé par le Secrétaire d'État de la guerre, ſur la demande qui en ſera faite par les Officiers généraux.

1. Avril 1779.

15.

SA MAJESTÉ ayant permis à tous Soldats de ſes différentes armées, qui avoient contracté des engagemens de huit ans, de ſe rengager pour quatre ans après l'expiration de la quatrième année de leur engagement de huit.

A ceux qui ſe feront rengagés pour quatre ans, de renouveler leurs engagemens après la ſeconde année de celui de quatre.

A ceux qui auront acquis vingt années de ſervice, de ſe rengager pour un an, afin de ſe rendre ſuſceptibles des récompenſes militaires.

Elle a réglé que dans le premier cas, il ſeroit payé à chaque Soldat, en deux payemens égaux, moitié du prix fixé pour les engagemens de huit ans; le premier en ſe rengageant, le ſecond lorſque le rengagement commencera à courir.

Dans le ſecond, chaque homme touchera moitié du prix fixé pour quatre années, en deux payemens égaux, & aux mêmes époques.

Et dans le troiſième, il leur ſera payé, en ſe rengageant, le quart du prix fixé pour quatre ans.

Les Officiers généraux ſe feront préſenter les hommes qui auront été rengagés depuis la dernière revue d'inſpection, pour juger ſi on n'en a point admis qui ne ſoient plus en état de continuer leurs ſervices.

16.

SA MAJESTÉ veut que ce qui a été preſcrit ſur l'expédition des congés abſolus, ſoit exécuté avec la plus grande exactitude, & qu'en conſéquence leſdits congés ſoient expédiés le jour précis de leur échéance. Les Officiers généraux ſe feront préſenter les hommes qui devront les obtenir juſqu'au 30 Septembre incluſivement de l'année ſuivante, & en arrêteront l'état; ils feront congédier ceux des régimens d'Infanterie étrangère, dont les congés feront expirés depuis la dernière revue d'inſpection juſqu'à la date de leur ſeconde revue.

17.

PLUSIEURS régimens, par la bonne adminiſtration de leur Maſſe générale, ſe ſont trouvés des fonds libres, & les Colonels-commandans ayant deſiré que ces fonds fuſſent employés à engager des ſurnuméraires, Sa Majeſté a agréé leur propoſition & a donné ſes ordres pour que la ſubſiſtance ſeulement ſoit fournie à ces hommes juſqu'à ce qu'ils puſſent rentrer dans la compoſition actuelle des Corps ; en conſéquence les Officiers généraux auront attention, après les renvois des bas Officiers & Soldats dont ils auront fait expédier les congés abſolus, de faire remplacer ceux qui les auront obtenus, par un pareil nombre de ſurnuméraires, afin de faire ceſſer la dépenſe qu'ils occaſionnent.

18.

CES opérations étant réglées, & les hommes rentrés dans leur compagnie, les Officiers généraux feront une revue particulière & détaillée de chaque compagnie; ils ſe feront rendre compte par le Capitaine-commandant, de ſa compoſition, du mouvement qu'elle a éprouvé depuis ſa dernière revue, des hommes qui en ſont abſens, & des motifs de leur abſence, enfin de l'état de ſa troupe, dont il doit répondre : ils ſe feront préſenter également les bas Officiers & Soldats qui ont fait la guerre, & ceux qui ſont reconnus Gentilshommes; ils examineront ſi l'eſpèce d'homme, dont le régiment eſt compoſé, eſt telle qu'elle doit être, & propre à la guerre : ils vérifieront le contrôle de la compagnie, pour juger s'il eſt en règle, & ſe feront préſenter auſſi le Livret de décompte du Sergent-major, & celui du Capitaine-commandant, pour s'aſſurer s'ils ſont conformes, & ſi les comptes ſont tenus dans la règle preſcrite.

Les Officiers généraux verront ſi l'habillement, l'équipement & l'armement ſont bien entretenus, & ils vérifie-

1. Avril 1779

ront si les parties de l'habillement & de l'équipement, dont le régiment s'est pourvu, sont de bonne qualité.

19.

L'INTENTION de Sa Majesté est que tous les hommes qui se trouvoient absens à la revue d'inspection de l'année précédente, & qui n'auront pas rejoint leur Corps, soient rayés des contrôles; Sa Majesté voulant, qu'un homme qui sera absent à une revue d'inspection, ne puisse jamais être rappelé dans la revue suivante, à moins que ce ne soit pour cause de maladie bien constatée. Pour assurer l'exécution de cette disposition, les Officiers généraux feront rayer sur le champ lesdits hommes du contrôle, par le Commissaire des guerres chargé de la police du régiment, afin que la solde cesse à cette époque de leur être payée.

20.

LES Officiers généraux ayant procédé à ces différentes opérations de la manière ci-dessus prescrite, ils constateront leur revue sur le Livret, dont le modèle est joint à la présente Instruction, ils ne feront point mention dans ladite revue des hommes congédiés ou réformés; & comme ceux qui devront obtenir les Invalides ou la récompense militaire, ne seront pas alors connus, leur sort ne devant être décidé que lors du travail des Officiers généraux avec le Secrétaire d'État de la guerre, ils seront compris dans la revue : il en sera de même de ceux qui étant nécessaires à leur famille, seront admis à se remplacer, lesquels resteront au régiment jusqu'à ce qu'ils aient déposé à la Masse générale, le prix de leur dégagement; mais les Officiers généraux en arrêteront l'état, qu'ils remettront au Commissaire des guerres chargé de la police du régiment, pour qu'il puisse suivre le sort desdits hommes, & les rayer du contrôle à mesure que leurs congés absolus leur seront expédiés.

21.

IL sera fait mention dans la récapitulation du Livret de

revue, des hommes qui auront manqué depuis la dernière revue, par mort, par désertion, par congé, ou par quelqu'autre cause que ce soit, ainsi que des hommes de recrues, que le régiment aura reçus en remplacement.

22.

Les Officiers généraux se feront représenter par le Conseil d'administration, les états & devis de la réparation précédente; ils tiendront la main à ce qu'on ne propose que ce qui est absolument indispensable pour ne pas outrepasser les moyens de la Masse générale; ils restreindront les régimens, dont les finances sont arrièrées, à l'économie la plus stricte, & feront dresser en conséquence un état conforme au modèle joint à la présente Instruction, des remplacemens & réparations qu'ils auront jugé à propos d'ordonner, lesquels seront exécutés par ledit Conseil d'administration, sans attendre de nouveaux ordres de la part du Secrétaire d'État de la guerre: cet état sera transcrit sur le Registre d'administration, signé des Officiers généraux & des Membres du Conseil; ils y feront aussi mention sommairement de la quantité de médaillons à remplacer.

23.

Les Officiers généraux feront également dresser un état conforme au modèle joint à la présente Instruction, qui constatera le remplacement des armes nécessaires à chaque régiment.

24.

Ils se feront aussi représenter les états de recette & de dépense depuis la revue d'inspection de l'année précédente, ils s'en feront rendre compte & arrêteront les états de la Masse générale, de linge & chaussure & de propreté; ils signeront les registres desdites Masses, ainsi que celui des délibérations du Conseil d'administration, & ils informeront sommairement, par le résumé de leur revue, le Secrétaire

1. Avril 1779

d'État de la guerre, de la situation où les différentes Masses se trouveront à l'époque de leur arrêté de revue.

Les Officiers généraux se feront représenter les marchés & quittances des Fournisseurs, & visiteront eux-mêmes la caisse de chaque Corps; ils vérifieront si les sommes qui doivent s'y trouver y sont réellement, soit en espèces, soit en effets d'équipement & d'habillement; ils se feront remettre un bordereau exact & conforme au modèle joint à la présente Instruction, de la situation de ladite caisse depuis la revue d'inspection de l'année précédente jusqu'au jour de leur seconde revue. Ils adresseront ce bordereau au Secrétaire d'État de la guerre; l'intention de Sa Majesté est que dans aucun cas, les trois clefs de la caisse de chaque régiment ne puissent être remises entre les mains de la même personne.

25.

Les Officiers généraux, à leur première revue du régiment, verront exercer chaque compagnie en détail; ils nommeront un Officier de la compagnie pour la commander & l'exercer devant eux, conformément à l'Ordonnance; ils verront si les principes qui sont établis, sont régulièrement observés, si le ton de commandement des Officiers est bon & uniforme; ils jugeront du degré d'intelligence & d'instruction de chacun d'eux: ils les préviendront qu'il ne doit être accordé de semestre, ni proposé de congé pour ceux qui auront négligé de s'instruire, & ils examineront si on suit dans l'École d'instruction, les principes & la gradation ordonnés.

Les Officiers généraux feront assembler les bas Officiers; ils les feront exercer, & en feront commander quelques-uns: ils questionneront ou feront questionner devant eux les Sergens & Caporaux sur leurs devoirs relatifs à l'Ordonnance des manœuvres, ou à celle du service des Places; pour connoître s'ils sont instruits.

26.

Ces objets étant terminés, ils feront assembler à la seconde revue le régiment pour le voir manœuvrer; ils examineront avec attention si toutes les manœuvres sont exécutées conformément à l'Ordonnance, & ils ne tolèreront aucun changement. Si quelque régiment s'étoit écarté de ce qui est prescrit, soit pour les manœuvres, soit pour les détails de l'École d'instruction, les Officiers généraux en informeront sur le champ le Secrétaire d'État de la guerre: Sa Majesté voulant que non-seulement les Colonels-commandans soient responsables de l'exécution de ce qu'Elle a réglé à cet égard, mais encore que, si l'Officier supérieur qui aura commandé le régiment pendant l'hiver, y avoit laissé établir quelque chose qui y fût contraire, il lui soit rendu compte de l'ordre sur lequel il y aura été autorisé.

27.

Il a été donné des ordres pour faire distribuer cinq cents livres de poudre, & deux cents cinquante livres de plomb à chaque bataillon pour ses exercices; les Officiers généraux donneront les leurs pour l'emploi utile de ces munitions, afin qu'elles ne soient consommées à d'autres usages qu'à ceux auxquels elles sont destinées.

28.

Les Officiers généraux se rendront aux casernes du régiment, ils visiteront quelques chambrées de Soldats, ils jugeront de l'arrangement intérieur des chambrées, & ils verront si elles sont tenues dans l'ordre & la propreté convenables.

29.

Les Officiers généraux s'attacheront à connoître l'esprit & la composition du Corps des Officiers dans chaque régiment, & ne négligeront rien de tout ce qui pourra les conduire à fixer l'opinion qui sera dûe aux talens, aux mœurs, au caractère & à la conduite de chacun d'eux. Ils vérifieront leur aptitude & leurs connoissances dans les exercices & les manœuvres, ils s'informeront & s'assureront par eux-mêmes du degré de zèle qu'ils auront pour le service, de leurs soins & leur attention pour la discipline, & de leur dévouement à la subordination : ils marqueront leur avis en général sur les bas Officiers, & donneront une attention particulière & scrupuleuse pour connoître les Officiers qui seront proposés pour des grades supérieurs, & ceux en demande pour brevets ou commissions quelconques; ils s'en feront rendre compte par les quatre Officiers supérieurs des Corps.

30.

SA MAJESTÉ ordonne aux Officiers généraux, de se faire remettre par les Colonels, les Mémoires de grâces, excepté ceux pour la croix de Saint-Louis.

Les Officiers généraux ne recevront de Mémoires de retraite, qu'en faveur des Officiers qui auront au moins trente-cinq ans de service, en supposant qu'ils en avoient quinze lorsqu'ils y sont entrés; pour cet effet, ils seront tenus de joindre à leur Mémoire, qui devra être dressé dans la forme prescrite par l'Ordonnance d'Administration, leur extrait baptistère légalisé; & pour les Étrangers, un certificat signé des Chefs du Corps.

31.

LES Officiers généraux adresseront au Secrétaire d'État de la guerre, les états détaillés ci-après, conformément aux modèles joints à la présente Instruction.

1.° L'état des Officiers de chaque régiment, distingués par leurs talens, & susceptibles de remplir des emplois supérieurs.

2.° L'état des grâces.

3.° L'état des bas Officiers & Soldats désignés pour les récompenses militaires, qui comprendra aussi ceux désignés pour entrer à demeure à l'Hôtel royal des Invalides.

4.° L'état des bas Officiers & Soldats qui ſont parvenus à la vétérance, & auxquels il doit être envoyé la marque diſtinctive & le brevet.

5.° L'état des hommes à congédier par grâce.

6.° L'état de la ſituation de l'habillement & de l'équipement, & les effets à remplacer dans le courant de l'année. Cet état comprendra auſſi ſommairement le nombre de médaillons à remplacer.

7.° L'état de l'armement & des remplacemens néceſſaires.

8.° L'état des finances.

9.° Le livret de la revue.

10.° Le réſumé général clair & précis des opérations de l'inſpection.

32.

LES états concernant la finance & les réparations, ſeront ſignés des Membres du Conſeil d'adminiſtration, les autres le feront ſeulement des Chefs du Corps. L'intention de Sa Majeſté étant que les Commandans des provinces aient connoiſſance de la ſituation & des objets relatifs à la tenue, la diſcipline, les exercices & les manœuvres des Corps qui ſont ſous leurs ordres, les Officiers généraux leur rendront un compte ſommaire, dans la forme du modèle *n.° 11*, joint à la préſente Inſtruction.

33.

LES Officiers généraux ordonneront au Commandant de chaque régiment de leur Inſpection, de leur adreſſer tous les mois un état de ſituation conforme au modèle *n.° 12*, annexé à la préſente Inſtruction, & de les informer d'ailleurs régulièrement de tout ce qui pourroit intéreſſer le ſervice de Sa Majeſté. Ils lui preſcriront de faire paſſer en même-temps deux de ces états de ſituation, l'un au Secrétaire d'État de la guerre, & l'autre à l'Officier général commandant dans la province, en obſervant de ne pas faire mention dans ce dernier, de la ſituation des finances.

34.

LES Officiers généraux laiſſeront à chaque régiment un

1. Avent 1779

Livret de revue, à la fin duquel il y aura une récapitulation & un arrêté de la force du régiment; ils feront mention à la suite dudit arrêté de ce qu'ils auront trouvé de contraire à ce qui est prescrit, soit pour l'école d'instruction, soit dans l'exécution des manœuvres, dans l'habillement ou la tenue, & des ordres qu'ils auront donnés pour le rectifier.

Ce Livret sera présenté à l'Officier général qui fera la revue de l'année suivante, pour qu'il puisse juger si les ordres donnés, ont eu leur exécution; il jugera également si quelques hommes de recrues ayant été marqués à revoir, ont acquis la taille convenable, & s'ils sont en état de servir.

35.

L'INTENTION de Sa Majesté étant que tous les régimens d'Infanterie françoise & étrangère, soient entretenus au complet, sur le pied actuel; les Officiers généraux prendront avec les Corps, les mesures qu'ils jugeront les plus propres à s'en assurer. Sa Majesté a permis à cet effet de détacher, pendant l'Été, un Officier & plusieurs bas Officiers par bataillon, pour s'occuper du travail des recrues des régimens qui auront besoin de ce secours. Les Officiers généraux tiendront la main à l'exécution de cette disposition.

36.

LES régimens d'Infanterie Allemande, Irlandoise, Italienne & Corse, ayant la même composition & la même formation que ceux d'Infanterie françoise, les mêmes dispositions expliquées ci-dessus, doivent leur être communes; les Officiers généraux se conformeront d'ailleurs à ce qui est établi tant pour les masses, que pour le prix & la forme des engagemens pour lesdits régimens étrangers.

37.

L'INTENTION de Sa Majesté, eu égard au semestre, est que le Lieutenant-colonel & le Major roulent ensemble, que l'un des deux soit absolument présent au Corps, & que dans tous les cas il y ait toujours à chaque compagnie un Officier de chaque grade.

Sa Majesté voulant procurer aux Officiers de son Infanterie, les moyens de vaquer à leurs affaires, sans que le bien de son service puisse en recevoir aucun préjudice, permet aux Officiers à qui le sémestre sera échu, & qui pourront se passer d'en profiter, soit en tout, soit en partie, de le partager & même de le céder en entier à ceux de leur grade & de leur compagnie dont la présence seroit nécessaire chez eux; en cas de partage, l'Officier qui restera au Corps, n'en pourra partir qu'après le retour de celui qui aura eu la liberté de s'absenter le premier. Les recrues des Officiers-semestriers ayant toujours été regardées comme les plus solides & les meilleures; l'intention de Sa Majesté est qu'ils ne puissent jamais être dispensés d'envoyer au moins deux hommes de recrue au régiment.

38.

LES Officiers généraux visiteront l'hôpital, les prisons; ils examineront les vivres, les fourrages & les effets de campemens que plusieurs régimens ont à leur suite; ils se feront aussi rendre compte, par les Officiers de l'État-major de la Place, de la façon dont le régiment fait le service, & de son exactitude à observer la discipline. Ils en rendront compte dans leur résumé au Secrétaire d'État de la guerre; & dans le cas où il y auroit des observations étendues à faire sur chacun de ces objets, ils les feroient séparément, & les joindroient au résumé général de leur opération.

39.

LES Officiers généraux qui seront chargés des revues des régimens Suisses, commenceront par faire compléter les compagnies de Grenadiers par celle de Fusiliers, chacune à leur tour ainsi qu'il est prescrit par l'Ordonnance du 10 mai 1764, en choisissant dans les compagnies de Fusiliers, les hommes les plus propres à entrer dans celle de Grenadiers, tant par leur taille & leur figure, que par leur bravoure & leur bonne conduite.

1. Avril 1779.

40.

Ils examineront enſuite la compoſition des compagnies, les recrues qui auront été faites, & les hommes qui ſe ſeront rengagés depuis la revue de l'année précédente.

41.

Ils réformeront tout ce qui excédera le tiers d'Étrangers dans chaque compagnie; & ſi dans le nombre de recrues il ſe trouve des Sujets de Sa Majeſté, ils les feront mettre en priſon, ainſi que les bas Officiers ou Soldats qui les auront engagés; ils réformeront auſſi tout ce qu'ils trouveront de défectueux dans le nombre des recrues, ſans cependant être trop rigoureux à l'égard des recrues nationales, & ſur-tout de celles qui ſeront du même canton ou pays que le Capitaine. Ils feront délivrer, aux hommes qu'ils auront réformés, un congé abſolu, ſur lequel il ſera fait mention de la cauſe de leur réforme; & ils leur feront donner un mois de ſolde pour retourner chez eux, dont moitié ſera aux frais du Capitaine qui les aura engagés, & l'autre moitié aux frais des Officiers ſupérieurs qui les auront reçus, ainſi qu'il a été preſcrit précédemment.

42.

Dans l'état que les Officiers généraux feront dreſſer de tous les hommes de recrue deſdits régimens, compagnie par compagnie, ils marqueront exactement le lieu de leur naiſſance, l'âge, la taille, la qualité deſdits hommes de recrue, & le temps pour lequel ils ſe ſont engagés, & ils feront mention, au bas de l'arrêté de chaque compagnie, des hommes qu'ils auront réformés.

43.

Les Officiers généraux entreront dans l'examen des bas Officiers & Soldats qui ſeront dans le cas d'être propoſés pour les Invalides ou les penſions réglées; mais on les prévient que la propoſition en eſt réſervée uniquement au Colonel général des Suiſſes; ce qui n'empêchera pas cependant qu'ils ne rendent compte au Secrétaire d'État de la guerre de ceux qui, par leur ſervice, leur auront paru mériter d'être admis à ces grâces.

44.

Si dans le nombre des Étrangers propoſés pour les Invalides, il s'en trouvoit qui fuſſent plus anciens ou moins en état de continuer le ſervice que ceux de la nation Suiſſe, ils ſeront admis de préférence; & Sa Majeſté veut bien qu'il leur ſoit accordé le traitement fixé pour l'Infanterie françoiſe & étrangère, & la propoſition en ſera faite par le Colonel général.

45.

Les Officiers généraux paſſeront enſuite à l'examen des anciens Soldats qui n'ayant pas le ſervice néceſſaire pour mériter les Invalides, ſe trouveroient, par des infirmités ou autres cauſes, dans le cas d'être réformés, & ils leur feront délivrer des congés de réforme ſur le champ.

46.

Si dans le nombre des compagnies, il s'en trouvoit qui ne fuſſent pas complètes, il en rendront compte au Secrétaire d'État de la guerre; ils marqueront ſi c'eſt par négligence ou mauvaiſe volonté du Capitaine, que ſa compagnie n'eſt pas complète, ou par quelques accidens particuliers dont le Capitaine ne peut être reſponſable.

47.

Ils ſe feront repréſenter, par le Major, le regiſtre des engagemens & celui des rengagemens, pour s'aſſurer de la naiſſance de tous les hommes dont chaque compagnie eſt compoſée, & pour conſtater auſſi ſi tous les engagemens & rengagemens ſont au moins de trois ans.

48.

Ils feront dreſſer un état particulier de tous les bas

1. Aoust 1779.

Officiers & Grenadiers ſujets de Sa Majeſté, qui ſe trouveront encore dans chaque compagnie, qu'ils adreſſeront au Secrétaire d'État de la guerre, dans lequel il ſera expliqué depuis quel temps leſdits bas Officiers & Grenadiers ont été admis auxdites places.

49.

LES Officiers généraux termineront l'examen des hommes par ſe faire préſenter ceux des bas Officiers & Soldats qui ont fait la guerre, & dont ils adreſſeront le nombre ſommaire au Secrétaire d'État de la guerre. Ils ſe conformeront au ſurplus à ce qui a été réglé par la préſente Inſtruction, ſur la manière dont le Livret de revue doit être arrêté.

50.

ILS examineront enſuite la ſituation de l'habillement, de l'équipement & de l'armement; & s'ils trouvent quelque choſe de défectueux ſur ces différentes parties, ils en ordonneront ſur le champ les réparations; ils joindront des états à leurs extraits de revue ſur ces différentes parties.

51.

ILS entreront dans tous les détails relatifs à la tenue, à la diſcipline & aux manœuvres, ainſi qu'il eſt preſcrit pour les régimens François; ils ſe conformeront auſſi à ce qui a été réglé pour faire connoître les hommes qui auront manqué dans chaque compagnie, depuis la revue de l'année dernière, par mort, déſertion, réforme ou congé abſolu.

52.

ON obſervera au ſurplus, aux Officiers généraux, que le Colonel général des Suiſſes devant lui ſeul prendre connoiſſance de la manutention intérieure des régimens Suiſſes, ils ſeront diſpenſés de rendre compte au Secrétaire d'État de la guerre, de la manière dont les traités & capitulations ſont obſervés dans ce Corps; de la naiſſance, des ſervices, des mœurs & des talens de tous les Officiers;

du nombre des compagnies avouées de chaque canton ou pays allié, de celles qui ne le ſont pas; de la vacance des emplois, de ceux qui ſont à portée de les obtenir par leurs ſervices & ſuivant les capitulations; des récompenſes & des grâces que peuvent mériter les Officiers, bas Officiers & Soldats; des dettes que les Capitaines peuvent avoir contractées avec les Marchands pour les fournitures de la compagnie, & des dettes particulières des Officiers; enfin de tout ce qui a rapport à la police intérieure des Troupes Suiſſes.

53.

CEPENDANT, Sa Majeſté entend que les Officiers généraux ſoient autoriſés à retrancher toutes les dépenſes qui n'auront point un rapport eſſentiel à la tenue, à la propreté militaire & à la diſcipline; enfin, ils examineront ſi dans l'état actuel des choſes, il n'y auroit rien à changer pour le plus grand bien du ſervice, & ils en rendront compte au Secrétaire d'État de la guerre.

FAIT à Verſailles le premier août mil ſept cent ſoixante-dix-neuf. *Signé* LOUIS. *Et plus bas,* LE PRINCE DE MONTBAREY.

A PARIS,
DE L'IMPRIMERIE ROYALE.
M. DCCLXXIX.

1. Aout 1779. 96

PECTION
e par M.

INFANTERIE.

N.° 1.er

Régiment d

ÉTAT des Officiers qui sont susceptibles de passer à des Emplois supérieurs.

NOMS des FFICIERS.	GRADES.	GRADES dont ils sont susceptibles.	*OBSERVATIONS.*

1. Avril 1779.

97.

SPECTION
aite par M.

N.° 2.

INFANTERIE.

Régiment d

ÉTAT DES GRÂCES.

NOMS des OFFICIERS.	GRADES.	NATURE des SERVICES.	GRÂCES qu'ils demandent.	*OBSERVATIONS.*

1. Avril 1779.

INSPECTION
faite par M.

N.° 3.

INFANTERIE.

Régiment d

ÉTAT des Hommes proposés pour se retirer chez eux, avec la Pension de récompense militaire ou entrer à demeure à l'Hôtel des Invalides.

COMPAGNIES.	NOMS DE BAPTÊME ET DE FAMILLE des Hommes.	ÂGE.	LIEU de NAISSA	TAIL de SERVICES.	GRADES dans lesquels ils ont servi, & depuis quel temps ils servent dans leur dernier grade.	PENSIONS dont ils doivent jouir.	OBSERVATIONS.

INSPECTION faite par M.
à
le

1. Avril 1779. 101.

INFANTERIE. N.° 5.

Régiment d

ÉTAT DES HOMMES à congédier par grâce étant nécessaires à leur famille.

COMPAGNIES.	NOMS des HOMMES.	GRADES.	ANNÉES qu'ils ont encore à servir.	PRIX des DÉGAGEMENS.	RAISONS pour lesquelles ils demandent LEUR CONGÉ.

INSPECTION faite par M.
à
le

1. Aoust 1779.

N.° 6. 102.

INFANTERIE.

Régiment d

SITUATION DE L'HABILLEMENT.

		FAÇONNÉ & DÉLIVRÉ en 17		FAÇONNÉ & DÉLIVRÉ en 17		FAÇONNÉ & DÉLIVRÉ en 17		REMPLACEMENT proposé pour l'année 17	OBSERVATIONS.
		Bons.	Mauvais	Bons.	Mauvais	Bons.	Mauvais		
Habits..	de Cadets-gentilshommes.	//	//	//	//	//	//	//	
	d'Adjudant..........	//	//	//	//	//	//	//	
	de Sergens-majors.....	//	//	//	//	//	//	//	
	de Fourriers-écrivains...	//	//	//	//	//	//	//	
	de Sergens..........	//	//	//	//	//	//	//	
	de Tambour-major....	//	//	//	//	//	//	//	
	de Tambours ou Instrum^ens	//	//	//	//	//	//	//	
	de Caporaux.........	//	//	//	//	//	//	//	
	de Grenadiers........	//	//	//	//	//	//	//	
	de Fusiliers..........	//	//	//	//	//	//	//	
	de Fraters..........	//	//	//	//	//	//	//	
	d'Armuriers.........	//	//	//	//	//	//	//	
Vestes...............		//	//	//	//	//	//	//	
Gilets...............		//	//	//	//	//	//	//	
Culottes.............		//	//	//	//	//	//	//	
Chapeaux ou Casques......		//	//	//	//	//	//	//	

ÉQUIPEMENT

	BONS.	À RÉPARER.	Hors de SERVICE	À REMPLACER.
Gibernes...............	//	//	//	//
Porte-gibernes..........	//	//	//	//
Ceinturons de bas Officiers, Grenadiers ou Fusiliers..	//	//	//	//
Bretelles de Fusils........	//	//	//	//
Colliers de Tambours.....	//	//	//	//
Sabres.................	//	//	//	//

MÉDAILLONS à remplacer.......................... //

FAIT & arrêté

INSPECTION
faite par M.
à
le

1. Aoust 1779.

INFANTERIE.

N.° 7. 103.

Régiment d

SITUATION de l'Armement dudit Régiment.

	BONS.	HORS de SERVICE.	MANQUE au COMPLET.	TOTAL.	À REMPLACER.
Fusils	//	//	//	//	//
Baïonnettes	//	//	//	//	//
Sabres	//	//	//	//	//

FAIT & arrêté

1. Aoust 1779.

N.° 8.

INSPECTION
faite par M.
à
le

INFANTERIE.

Régiment d

SITUATION des Finances du
au

RECETTES.

MASSE GÉNÉRALE.

Suivant l'arrêté de M. du .... ″ᵗᵗ ″ˢ ″ᵈ

Elle avoit en Caisse..

Qui étoient représentées par

Espèces.. ″ᵗᵗ ″ˢ ″ᵈ

EFFETS ACTIFS.	Reconnoissances du Trésorier de la Guerre...............	″ˡ ″ˢ ″ᵈ	″ ″ ″
	Entre les mains des Officiers & bas Officiers-recruteurs....	″ ″ ″	
EN MAGASIN.	...aunes de drap blanc à ″...	″ ″ ″	″ ″ ″
	... de drap.... à ″...	″ ″ ″	
	... de tricot blanc à ″...	″ ″ ″	
	... de toile écrue à ″...	″ ″ ″	
	... douz. de gros boutons à ″..	″ ″ ″	
	... de ceinturons à ″...	″ ″ ″	

SOMME PAREILLE.............. ″ ″ ″

Depuis cette époque jusqu'à ce jour, il est entré en Caisse. .... ″ ″ ″

SAVOIR,

Du produit de la Masse générale à ″ˡ par an, par homme pour 1148.................................. ″ᵗᵗ ″ˢ ″ᵈ

Des Congés de grâce de hommes, dont ″ à ..″ˡ.. ″ à ..″ˡ...″ à ..″ˡ.......................... ″ ″ ″

Des retenues faites à Officiers-semestriers qui n'ont amené qu'un homme, sur le pied de .... ″ˡ, & à autres qui n'en ont pas amené, sur le pied de ″ˡ....... ″ ″ ″

SOMME PAREILLE........... ″ ″ ″

TOTAL de la Recette... ″ ″ ″

DÉPENSES.

Recrues......	... hommes à ″ˡ... du travail des Officiers-semestriers.	″ᵗᵗ ″ˢ ″ᵈ	″ ″ ″
	... *idem*... à ″ ... du travail des Officiers & bas Officiers-recruteurs................	″ ″ ″	
	... *idem*... à ″ ... faits par l'État-major..........	″ ″ ″	

De l'autre part . . . . ″^{lt} ″^{f} ″^{d}

Rengagemens. . .	. . . hommes de . . . ans de service pour . . . ans à ″^{l} . .	″^{lt} ″^{f} ″^{d}	
	. . . hommes de . . . ans de service pour . . . ans à ″ . .	″ ″ ″	″ ″ ″
	. . . hommes de . . . ans de service pour . . . ans à ″ . .	″ ″ ″	
			″ ″ ″
Habillement. . .	. . . aunes de drap. . . . . du S.r dem.t à . . . . à ″^{l} l'aune	″ ″ ″	
	. . . de tricot. . . . du S.r *idem* à . . . . à ″	″ ″ ″	
	. . . de serge . . . du S.r *idem* à . . . . à ″	″ ″ ″	
	. . . toile écrue . . du S.r *idem* à . . . . à ″	″ ″ ″	
	. . . galon. . . . fin du S.r *idem* à . . . . à ″	″ ″ ″	
	. . . gal. de laine du S.r *idem* à . . . . à ″	″ ″ ″	″ ″ ″
	. . . gal. de livrée du S.r *idem* à . . . . à ″	″ ″ ″	
	. . . chapeaux du S.r *idem* à . . . . à ″ l'un. . .	″ ″ ″	
	. . . douzaines de gros boutons . . . . N.° . . . . &c. Et . . . douz. de petits du S.r *idem* à . . . . à ″	″ ″ ″	
	pour le transport de ces effets au S.r Bietrix	″ ″ ″	
	façons de . . . habits complets à . . . l'un, & réparation de l'ancien habillement	″ ″ ″	
Équipement. . . .	. . . ceinturons de bas Officiers, Grenadiers, Chasseurs & Fusiliers. . . . . du S.r *idem* à . . . . à ″	″ ″ ″	
	. . . porte-gibernes . . du S.r *idem* à . . . . à ″	″ ″ ″	″ ″ ″
	. . . coliers de Tambour du S.r *idem* à . . . . à ″	″ ″ ″	
	. . . bretelles de fusils du S.r *idem* à . . . . à ″	″ ″ ″	
Armement.	. . . fourreaux de sabre du S.r *idem* à . . . . à ″	″ ″ ″	
	. . . fourr. de bayonn. du S.r *idem* à . . . . à ″	″ ″ ″	″ ″ ″
	entretien & réparations aux armes	″ ″ ″	
Faux frais. . . .	4 deniers pour liv. frais & quittance de la somme de ″^{l} ″^{f} ″^{d} montant des différens décomptes du Trésorier	″ ″ ″	
	frais de Bureau, ports de lettres	″ ″ ″	″ ″ ″
	papier à Cartouches	″ ″ ″	
	T O T A L des Dépenses		″ ″ ″

RÉSULTAT DES MASSES.

Masse générale.	La Recette est de	″ ″ ″	
	La Dépense a monté à	″ ″ ″	
	La Masse générale a un de	″ ″ ″	
Masse du Linge & Chaussure.	Elle avoit en Caisse à la même époque	″ ″ ″	″ ″ ″
	Elle a reçu	″ ″ ″	
			″ ″ ″
	La Dépense a monté à		″ ″ ″
	Cette Masse a un de		″ ″ ″
Masse de propreté.	Elle avoit en Caisse à la même époque	″ ″ ″	″ ″ ″
	Elle a reçu depuis	″ ″ ″	
			″ ″ ″
	La Dépense a monté à		″ ″ ″
	Elle a un de		″ ″ ″

1. Aoust 1779.

SITUATION DE LA CAISSE.

			₶ s d
A la Maſſe générale			″ ″ ″
A celle de propreté			″ ″ ″
A celle de linge & chauſſure			″ ″ ″
TOTAL			″ ″ ″

Repréſenté par

		₶ s d		
Effets actifs…	En Eſpèces	″ ″ ″	″ ″ ″	Somme pareille.
	Reconnoiſſances du Tréſorier de la guerre…	″ ″ ″		
	Idem des Officiers & Bas officiers-recruteurs	″ ″ ″		
En magaſin…	… aunes de drap… à ″	″ ″ ″	″ ″ ″	
	… tricot blanc… à ″	″ ″ ″		
	… toile… à ″	″ ″ ″		
			″ ″ ″	

Reſte à payer pour fournitures reçues.

Au S.r	…… dem.t	″ ″ ″
Au S.r	…… *idem.*	″ ″ ″
Au S.r	…… *idem.*	″ ″ ″
Au S.r	…… *idem.*	″ ″ ″
		″ ″ ″

CERTIFIÉ *véritable par nous Membres du Conſeil d'adminiſtration, à* *le*

VU & vérifié par nous *des Armées du Roi, chargé de l'inſpection dudit Régiment.*

1. Aoust 1779.

106.

N.° 9.

INFANTERIE.

RÉGIMENT d

REVUE D'INSPECTION

par M.

faite à

le 17

1. Août 1779.

PREMIER BATAILLON.

Compagnie de Grenadiers.

M. Capitaine-commandant.
M. Capitaine en fecond.
M. Premier Lieutenant.
M. Lieutenant en fecond.
M. Sous-lieutenant.
M. Sous-lieutenant.

Cadet-gentilhomme...
Sergent-major.................................
Fourrier-écrivain.............................
Sergens.......................................
Caporaux......................................
Frater..
Grenadiers....................................
Tambours......................................

TOTAL....................

Dont à l'hôpital du lieu.............
Aux hôpitaux externes.............
Abfens par congés.................
Détachés.......................
} .....

PRÉSENS fous les armes....................

MANQUE au complet de ladite Compagnie...................
Non compris les hôpitaux, les abfens par congés & détachés.........

Compagnie d

M.	Capitaine-commandant.
M.	Capitaine en ſecond.
M.	Premier Lieutenant.
M.	Lieutenant en ſecond.
M.	Sous-lieutenant.
M.	Sous-lieutenant.

Cadet-gentilhomme . . . .

Sergent-major. . . . .

Fourrier-écrivain. . . . .

Sergens . . . .

Caporaux. . . . .

Frater . . . .

Fuſiliers . . . .

Tambours . . . .

TOTAL. . . . .

Dont à l'hôpital du lieu . . . .
Aux hôpitaux externes . . . .
Abſens par congés. . . . .
Détachés. . . . . } . . . . .

PRÉSENS ſous les armes. . . . .

MANQUE au complet de ladite Compagnie. . . . .
Non compris les hôpitaux, les abſens par congés & détachés. . . . . . .

Compagnie d

M. Capitaine-commandant.
M. Capitaine en ſecond.
M. Premier Lieutenant.
M. Lieutenant en ſecond.
M. Sous-lieutenant.
M. Sous-lieutenant.

Cadet-gentilhomme. . . . .
Sergent-major. . . . .
Fourrier-écrivain . . . .
Sergens . . . .
Caporaux . . . .
Frater . . . .
Fuſiliers. . . . .
Tambours . . . .

TOTAL. . . . .

Dont à l'hôpital du lieu. . . . .
Aux hôpitaux externes. . . . .
Abſens par congés. . . . .
Détachés . . . .
} . . . . .

PRÉSENS ſous les armes. . . . .

MANQUE au complet de ladite Compagnie. . . . .
Non compris les hôpitaux, les abſens par congés & détachés . . . .

Compagnie d

M.	Capitaine-commandant.
M.	Capitaine en ſecond.
M.	Premier Lieutenant.
M.	Lieutenant en ſecond.
M.	Sous-lieutenant.
M.	Sous-lieutenant.

Cadet-gentilhomme . . . .

Sergent-major. . . . .

Fourrier-écrivain. . . . .

Sergens . . . .

Caporaux. . . . .

Frater . . . .

Fuſiliers . . . .

Tambours . . . .

TOTAL. . . . .

Dont à l'hôpital du lieu . . . .
Aux hôpitaux externes . . . .
Abſens par congés. . . . .
Détachés. . . . .
} . . . . .

PRÉSENS ſous les armes. . . . .

MANQUE au complet de ladite Compagnie. . . . .

Non compris les hôpitaux, les abſens par congés & détachés. . . . .

Compagnie d

M.	Capitaine-commandant.
M.	Capitaine en ſecond.
M.	Premier Lieutenant.
M.	Lieutenant en ſecond.
M.	Sous-lieutenant.
M.	Sous-lieutenant.

Cadet-gentilhomme. . . . .

Sergent-major. . . . .

Fourrier-écrivain . . . .

Sergens . . . .

Caporaux . . . .

Frater . . . .

Fuſiliers. . . . .

Tambours . . . .

TOTAL. . . . .

Dont à l'hôpital du lieu. . . . .
Aux hôpitaux externes. . . . .
Abſens par congés. . . . .
Détachés . . . .
} . . . . .

PRÉSENS ſous les armes. . . . .

MANQUE au complet de ladite Compagnie. . . . .

Non compris les hôpitaux, les abſens par congés & détachés . . . .

DEUXIÈME BATAILLON.

Compagnie d

M. Capitaine-commandant.
M. Capitaine en ſecond.
M. Premier Lieutenant.
M. Lieutenant en ſecond.
M. Sous-lieutenant.
M. Sous-lieutenant.

Cadet-gentilhomme . . . .
Sergent-major. . . . .
Fourrier-écrivain. . . . .
Sergens . . . .
Caporaux. . . . .
Frater . . . .
Fuſiliers . . . .
Tambours . . . .

TOTAL. . . . .

Dont à l'hôpital du lieu . . . . }
Aux hôpitaux externes . . . . } . . . . .
Abſens par congés. . . . . }
Détachés. . . . . }

PRÉSENS ſous les armes. . . . .

MANQUE au complet de ladite Compagnie. . . . .
Non compris les hôpitaux , les abſens par congés & détachés. . . . . . .

1, Aoust 1779.

Compagnie d

M. Capitaine-commandant.
M. Capitaine en second.
M. Premier Lieutenant.
M. Lieutenant en second.
M. Sous-lieutenant.
M. Sous-lieutenant.

Cadet-gentilhomme..
Sergent-major................................
Fourrier-écrivain................................
Sergens................................
Caporaux................................
Frater................................
Fusiliers................................
Tambours................................

TOTAL....................

Dont à l'hôpital du lieu..............
Aux hôpitaux externes..............
Absens par congés..............
Détachés.............. } .....

PRÉSENS sous les armes....................

MANQUE au complet de ladite Compagnie....................
Non compris les hôpitaux, les absens par congés & détachés..........

Compagnie d

M. Capitaine-commandant.
M. Capitaine en fecond.
M. Premier Lieutenant.
M. Lieutenant en fecond.
M. Sous-lieutenant.
M. Sous-lieutenant.

Cadet-gentilhomme..
Sergent-major..................................
Fourrier-écrivain................................
Sergens..
Caporaux......................................
Frater..
Fufiliers......................................
Tambours......................................

TOTAL......................

Dont à l'hôpital du lieu.............
Aux hôpitaux externes..............
Abfens par congés.................
Détachés.........................
}.....

PRÉSENS fous les armes....................

MANQUE au complet de ladite Compagnie....................
Non compris les hôpitaux, les abfens par congés & détachés.........

1. Aoust 1779.

ompagnie d

M. Capitaine-commandant.
M. Capitaine en ſecond.
M. Premier Lieutenant.
M. Lieutenant en ſecond.
M. Sous-lieutenant.
M. Sous-lieutenant.

Cadet-gentilhomme..
Sergent-major..................................
Fourrier-écrivain..................................
Sergens..................................
Caporaux..................................
Frater..................................
Fuſiliers..................................
Tambours..................................

TOTAL....................

Dont à l'hôpital du lieu..............
Aux hôpitaux externes...............
Abſens par congés.................
Détachés....................
} .....

PRÉSENS ſous les armes..................

MANQUE au complet de ladite Compagnie....................
Non compris les hôpitaux, les abſens par congés & détachés.........

Compagnie de Chaſſeurs.

M.	Capitaine-commandant.
M.	Capitaine en ſecond.
M.	Premier Lieutenant.
M.	Lieutenant en ſecond.
M.	Sous-lieutenant.
M.	Sous-lieutenant.

Cadet-gentilhomme. . . . .

Sergent-major. . . . .

Fourrier-écrivain . . . .

Sergens . . . .

Caporaux. . . . .

Frater . . . .

Chaſſeurs. . . . .

Tambours . . . .

TOTAL. . . . .

Dont à l'hôpital du lieu . . . .
Aux hôpitaux externes. . . . .
Abſens par congés . . . .
Détachés. . . . . } . . . . .

PRÉSENS ſous les armes. . . . .

MANQUE au complet de ladite Compagnie . . . .

Non compris les hôpitaux, les abſens par congés & détachés . . . .

1. Avril 1779.

ÉTAT-MAJOR.

	Colonel-propriétaire.
M.	Colonel-commandant.
M.	Colonel en ſecond.
M.	Lieutenant-colonel.
M.	Major.
M.	Quartier-maître-tréſorier.
M.	Porte-drapeau.
M.	Porte-drapeau.
Le S.r	Adjudant.
M.	Chirurgien-major.
M.	Aumônier.
Le nommé	Tambour-major.
Le nommé	Prévôt.
Le nommé	Armurier.

OFFICIERS à la ſuite.

RÉCAPITULATION.

Capitaines-commmandans . . . .
Capitaines en ſecond . . . .
Premiers Lieutenans . . . .
Lieutenans en ſecond . . . .
Sous-lieutenans . . . .

TOTAL des Officiers . . . . . .

Cadets-gentilshommes . . . .
Sergens-majors . . . .
Fourriers-écrivains . . . .
Sergens . . . .
Caporaux . . . .
Fraters . . . .
Grenadiers, Fuſiliers & Chaſſeurs . .
Tambours & Inſtrumens . . . .

TOTAL . . . . . .

Dont... à l'hôpital du lieu . . . .
aux hôpitaux externes . .
abſens par congés . . . .
détachés . . . .

PRÉSENS ſous les armes . . . .

Ce régiment étoit, à la dernière revue d'inſpection faite par M.
le 17 , à hommes.

Il a reçu en recrues . . . . .

Ce régiment devroit être à . .

IL A PERDU,

Morts . . . .
Déſertés . . . .
Réformés . . . .
Chaſſés . . . .
Congédiés . . . .
Aux Invalides . . . .
Partis avec la Penſion chez eux .
Supprimés des contrôles . . . . . .
&c.

Ce régiment eſt reſté à cette Revue à . . . . .
MANQUE au complet . . . .

TOTAL . . . .

Dans le nombre d'hommes dont ce régiment eſt compoſé, il y en a,

Qui ont fait la guerre . . . .

Qui jouiſſent de la vétérance. . . . .

Qui parviendront à la vétérance dans le courant de l'année . .

Qui ſe ſont rengagés depuis la dernière revue. . . . .

A congédier d'ici au prochain . . . . . .

Il reſte en caiſſe à ce régiment,

A la maſſe générale, la ſomme de . . . .

A la maſſe de linge & chauſſure . . . .

A la maſſe de propreté . . . .

TOTAL DES FONDS EN CAISSE . . . . . .

Il eſt preſcrit à ce Régiment,

1. Aoust 1779. 116.

INSPECTION
faite par M.
à
le

INFANTERIE.

N.° 10.

Régiment d

RÉSUMÉ GÉNÉRAL de la Revue

L'espèce des hommes est

La compagnie des Grenadiers & celle des Chasseurs sont

Les Recrues de l'année dernière sont

Celles de cette année sont

Les Officiers sont

Le Soldat à

L'Instruction

Les Manœuvres sont commandées par & exécutées

La Discipline

La subordination

La tenue

M. Colonel-commandant.

M. Colonel en second.

M. Lieutenant-colonel.

M. Major.

M.rs

Capitaines.

Ce Régiment étoit composé, à la revue de M.
du y compris l'Adjudant, le Tambour-major
& l'Armurier, de . . . .

TRAVAIL DEPUIS CETTE ÉPOQUE.

Recrues . . . .
Enfans du Corps, admis à la solde, } . . . . .

TOTAL . . . . . .

De l'autre part ....

VIDE depuis la Revue du mois de Septembre dernier, & opération de celle-ci.

Fait *Officier* ....

Congédiés
- par ancienneté ....
- par grâce
  - dans l'intervalle des deux Revues ....
  - à cette Revue ....
- par ordre du Ministre ....

Partis pour jouir des pensions militaires accordées lors de la dernière Revue ....

Réformés
- pour infirmités ....
- de Recrues
  - des Officiers-semestriers ....
  - des Officiers & bas Officiers-recruteurs ....

Réclamés par le Régiment de ....

Soldats Provinciaux rendus ....

Classés rendus à la Marine ....

Remis à la Justice ordinaire ....

Contumacés
- n'ayant pas rejoint à l'expiration des Congés ....
- déserteurs du Corps ....

Chassés ....

Désertés . .
- anciens Soldats ....
- de Recrue ....

Condamnés à la chaîne ....

Morts ....

Supprimés du contrôle
- Enfans du Corps à l'âge de 16 ans......
- par congé, n'ayant pas rejoint ....

RESTE effectif après l'opération de la présente Revue, les hommes de l'État-major compris.................

Ci-contre . . . .

Dont
- Détachés . . . .
- À l'Hôpital du lieu . . . .
- Aux Hôpitaux externes . . . .
- Malades à la chambre . . . .
- En prison . . . .
- Absens par congé . . . .

TOTAL . . . .

Manque au complet de 1148, les trois hommes de l'État-major compris . . . .

Si l'on ajoute à ce non complet

Les Hommes proposés pour les Invalides . . . .

Ceux proposés à cette Revue pour les récompenses militaires . . . . .

Ceux à congédier par grâce, à mesure qu'ils remettront l'argent de leur dégagement . . . .

Ceux dont les engagemens ou rengagemens doivent expirer au 1.er Septembre prochain . . . .

Le travail des Recrues, indépendamment des pertes ordinaires, sera de . . . .

Il y a dans ce Régiment

. . . . . . Officiers à la suite.

. . . . . . Cadets-Gentilshommes.

. . . . . . Hommes qui ont fait la guerre.

. . . . . . qui se sont rengagés.

. . . . . . qui jouissent de la Vétérance.

. . . . . . qui sont dans le cas de l'obtenir.

Sur la totalité des Hommes dont ce Corps eſt composé,

......ſont à leur premier engagement

......ont contracté un premier rengagement à l'expiration des quatre années

......ont commencé le premier rengagement

......ont contracté un ſecond rengagement à l'expiration des douze ans.

......ont commencé le ſecond rengagement

......au rengagement annuel

......Enfans du Corps.

TOTAL......

Dans le nombre des Hommes effectifs.

......ſont de la taille de 5 pieds 1 pouce pieds nus,

.......de 5 pieds 1 à 2 pouces.

.......de 5 pieds 2 à 3 pouces.

.......de 5 pieds 3 à 4 pouces.

TOTAL......

HABILLEMENT.

L'Habillement eſt..........................

Ce qui a été fourni l'année dernière eſt............

......habits ſeront remplacés cette année.

......habits ont beſoin de réparations.

1. Aoust 1779.

ÉQUIPEMENT DE L'HOMME.

L'Équipement eſt

......Gibernes & Porte-Gibernes ſont à remplacer.

......Gibernes & Porte-Gibernes ont beſoin de réparations.

......Bretelles de Fuſils ſont à remplacer.

......Bretelles de Fuſils ont beſoin de réparations.

ARMEMENT.

L'Armement eſt

......Fuſils ſont à remplacer.

......Sabres ſont à remplacer.

FINANCES.

			l	ſ	d
MASSES.	Maſſe générale.	Elle avoit en Caiſſe à la dernière revue..................	″	″	″
		Elle a bénéficié............	″	″	″
		Elle a perdu..............	″	″	″
	Linge & Chauſſure.	Elle avoit en Caiſſe, à la dernière revue..................	″	″	″
		Elle a bénéficié............	″	″	″
		Elle a perdu..............	″	″	″
	De propreté a en Caiſſe......................				

TOTAL des Fonds en Caiſſe....

OBSERVATIONS.

Les Hommes de recrue ont coûté.............

Ce qui fait revenir chaque Homme à................

L'Adminiſtration eſt

Les Dépenſes ſont faites avec

1. Aout 1779.

117.

SPECTION
ite par M.

N.° 11.

INFANTERIE.

Régiment d

ÉTAT de la SITUATION de ce Régiment, à l'époque du jour de la revue définitive faite par M.

Colonel-commandant..

Colonel en second..

Lieutenant-colonel..

Major..

Quartier-maître..

Porte-drapeaux..

Adjudant..

Chirurgien-major..

Aumônier..

Tambour-major..

Armurier..

Capitaines-commandans....	Préfens..........................	//	...... //
	Détachés..........................	//	
	Abfens par	//	
Capitaines en fecond.....	Préfens..........................	//	...... //
	Détachés..........................	//	
	Abfens par	//	
Lieutenans en premier.....	Préfens..........................	//	...... //
	Détachés..........................	//	
	Abfens par	//	
Lieutenans en fecond.....	Préfens..........................	//	...... //
	Détachés..........................	//	
	Abfens par	//	
Sous-lieutenans.........	Préfens..........................	//	...... //
	Détachés..........................	//	
	Abfens par	//	

...... //

Officiers à la fuite.

Bas Officiers, Grenadiers, Chaſſeurs, Fraters, Tambours, Fuſiliers, préſens ſous les armes .... ″

Détachés à .... ″

En priſon .... ″

Aux Hôpitaux externes .... ″

À l'Hôpital de .... ″

Par congé, dont en Recrue & en Remonte .... ″

TOTAL .... ″

Manque au complet de 1148, ci .... ″

TOTAL au complet .... ″

Ce Régiment eſt composé d'une eſpèce d'hommes

La Compagnie de Grenadiers & celle des Chaſſeurs ſont

Les Recrues ſont

Il eſt commandé par

La diſcipline eſt

La ſubordination eſt

L'inſtruction eſt

Il manœuvre

La tenue eſt

À *le* 17

Mois d

17

INFANTERIE.

N.° 12.

RÉGIMENT D

MUTATIONS en & SITUATION au 17

OFFICIERS,

GRADES.		Préfens.	Détachés.	En Recrues.	En Semeftre.	Par Congé.	Emplois vacans.	OBSERVATIONS.
ÉTAT-MAJOR.		//	//	//	//	//	//	
Capit.	com.d	//	//	//	//	//	//	
	en 2.d	//	//	//	//	//	//	
Lieut.	en pied	//	//	//	//	//	//	
	en 2.d	//	//	//	//	//	//	
Sous-lieuten...		//	//	//	//	//	//	
TOTAL...		//	//	//	//	//	//	

BAS OFFICIERS, SOLDATS ET TAMBOURS,

Force au premier du mois dernier.	Augmentat. depuis le 1.er du mois dernier: Recrues arrivées.	Augmentat.: Congédiés, rentrés.	Augmentat.: Enfans admis.	Total	Pertes depuis le 1.er du mois dernier: Morts.	Défertés.	Réformés.	Faits Officiers.	Partis avec la penfion.	Partis pour les Invalides.	Congédiés: Par ancienneté.	Congédiés: Par grâce.	Congédiés: Comme Gentils.h	Chaffés.	Condamnés à la chaîne.	Contumacés.	Paffés à d'autres Corps.	Total des Pertes.	Reste effectif le premier de ce mois.	Situation de l'effectif: Préfens fous les armes.	Aux Hôpit.: du Lieu.	Aux Hôpit.: Externes.	Détachés.	En Recrues.	Par Congés.	Manquant au complet de 1148.
//	//	//	//	//	//	//	//	//	//	//	//	//	//	//	//	//	//	//	//	//	//	//	//	//	//	//

FINANCES.

MASSES.	Leur situation le 1.er de ce mois: Restant en Caiffe.	Redû par la Caiffe.
	liv. f. d.	liv. f. d.
Générale...	// // //	// // //
Linge & chauffure.	// // //	// // //
Propreté...	// // //	// // //
	// // //	// // //

Officiers à la fuite.

www.ingramcontent.com/pod-product-compliance
Ingram Content Group UK Ltd.
Pitfield, Milton Keynes, MK11 3LW, UK
UKHW022133260726
13993UKWH00003B/1408